TEUFELEI MEINER DUNKLEN SEITEN

Wundertütenpoet

VON

TINA HÜSCH

DIE MÖGLICHKEITEN
VON POESIE UND FREVELEI

Bibliografische Information der Deutschen Nationalbibliothek: Die
Deutsche Nationalbibliothek verzeichnet diese Publikation in der
Deutschen Nationalbibliografie; detaillierte bibliografische Daten
sind im Internet über dnb.dnb.de abrufbar.

© 2022 Tina Hüsch

ISBN: 9783756837076

Herstellung und Verlag: BoD – Books on Demand, Norderstedt

ABOUT ME

Ich bin Chaosprinzessin und Struwelliese in einer Person.
Eine große Liebe von mir ist das Tagträumen und Probleme versäumen.
Ich mag Wildblumenwiesen und den Geruch von frisch gemähtem Gras.
In mir lebt ein Regenbogenfisch, der süchtig nach der Buntheit des Lebens ist und sich ständig neue Farbkleckse ausdenkt.
So durchglitzere ich mein Sein und erfreue mich in meiner Harmoniesucht an allem, was Fell hat.
Doch existiert da auch ein Teufelchen in mir, das ab und an seine Hörner zeigen muss und der dunklen Nordseite meiner Seele bei ihren Schattenspielen zuschaut.
Dadurch sind Gut und Böse vereint, färben meine Haare rot und lassen die Selbstironie über meinen neusten Hokuspokus lachen.
Komm und folge mir durch meine Teufelei, ich bin mir sicher, Du erkennst Dich selbst dabei.

TINA

FÜR

MEINER FRECHHEIT

GLÜCKSGEFÜHL ...

Für alle,

die wissen,

dass ein kleines Teufelchen in ihnen lebt,

das mit List die dunklen Seiten

des Lebens heraufbeschwört.

Für Dich,

weil Du weißt,

dass man auch im Dunkeln

noch die positiven Worte hört

und dass auf die Finsternis einer jeden Nacht

die Helligkeit eines neuen Morgens folgt.

INHALT

EINBLICK, EINSICHT, ERKENNTNIS ...

Wer nicht mal richtig böse sein kann, der kann sich auch niemals richtig freuen, denn wir Menschen erleben uns immer in der Polarität und so gehören die guten Seiten wie die schlechten Seiten der eigenen Seele zum Leben dazu.

Denn das Böse ist mitten unter uns und schläft nie, es gehört zu unserem Sein und wir müssen lernen, damit umzugehen.
Am Ende kommt es nämlich immer nur darauf an, auf welcher der beiden Seelenseiten der Wohnort des eigenen Ego-Ichs zu finden ist.
Entscheidet man sich, sich auf das Gute zu konzentrieren, oder verfällt man immer wieder der Negativität und sieht in allem ein Teufelchen?

Leben nicht in uns allen Gefühle, die wir eigentlich grundsätzlich verabscheuen und derer wir uns schämen?
Tun wir nicht alle manchmal Dinge, von denen wir nicht möchten, dass sie irgendwann jemand über uns erfährt?

Gibt es nicht in einem jeden von uns diese dunkle Seite, die wir am liebsten auslöschen würden und an deren Stelle wir uns etwas mehr Talent und Freude wünschten?

Haben wir in unserem Inneren nicht alle irgendwelche Wünsche, die wir uns nie trauen würden laut auszusprechen?

So tragen wir tief in der Nordseite unserer Seele alle Dinge mit uns herum, denen wir eigentlich nie ins Angesicht blicken möchten und derer wir uns schämen.

Diese unsere dunkle Ego-Ich-Seite ist glitschig wie ein Aal, wenn es um Schönes und den ungehinderten Spaß am Leben geht. Sie braucht ein Grundpensum an Trübsal, damit sie sich selbst am Leben erhalten kann. Sie mag keine Kompromisse und sie will nicht, dass irgendjemand versucht, sie aus der Dunkelheit zu befreien.

Dennoch wächst sie aber, wenn sie nicht bekämpft wird, in unserem Inneren zu einem Monster heran und verjagt alle unsere guten Gedanken. Die meisten Menschen wissen nicht, dass man genau diese Finsternis ergründen – und sich mit ihr anfreunden – muss, damit man es schafft, dieses Monster zähmen zu können.

Denn nur so werden wir dauerhaft die Kontrolle über die Negativität unseres Egos erhalten und es schaffen, uns besser kennen- und verstehen zu lernen.

Unsere dunkle Seite hat etwas Selbstzerstörerisches, sie ernährt sich von unserem eigenen Leid und von unseren unerfüllten Wünschen, so sind oft wir es selbst, die unserem eigenen Vorankommen und Glücklichsein im Wege stehen.

Unsere unerfüllten Wünsche und Traurigkeiten versuchen nämlich, in uns schlechte Gefühle auszulösen, und von diesen negativen Emotionen lebt die Schattenseite unseres Egos und wächst, je mehr negative Schwingungen in uns aufkommen.

So breitet sich die eigene Unzufriedenheit immer mehr in uns aus und stiehlt uns alle Freudigkeiten, wodurch ein Karussell der Negativität ins Leben gerufen wird.

Diesen Kreislauf gilt es zu durchbrechen und den inneren Monstern die Krallen zu schneiden, damit sie ihre Schatten verlieren.

Am besten kann man dies, wenn man verstanden hat, dass Humor der Schlüssel zu einem erfüllten Sein ist und dass mit ein wenig Selbstironie das Ego lernt, seine negativen Seiten nicht mehr so ernst zu sehen und immer mehr aufhört, Schwarzmalerei zu betreiben.

Doch wie hört man am besten auf, Schwarzmalerei zu betreiben?
Als Erstes muss man sich der Dinge bewusstwerden, die als größte Wünsche in einem wohnen, und der damit verbundenen Ängste bei der Frage:
„Was wäre, wenn diese Wünsche unerfüllt bleiben würden?"
Denn in diesem Gefühlszustand der unerfüllten Wünsche ist der Nährboden der Negativität verborgen.

All diese schlechten Gefühle halten die dunkle Nordseite Deiner Seele am Leben, und diese Seite wächst parallel zu Deinen schlechten Gefühlen und Gedanken.

Doch damit ist jetzt Schluss!

Ab genau jetzt versuche, eine Mauer um Deine Negativität zu ziehen und mit positivem Füllstoff alle Ritzen in dieser Mauer zu verschließen.

16

Wenn man genügend Achtsamkeit dem Leben entgegenbringt und versucht, das Schöne und das Glück gerade in den kleinen Dingen des Alltags zu finden, und sich wieder wie ein Kind über einen Schmetterling freuen kann, wird man immer mehr Freude und Glück ins Leben ziehen und somit die Kontrolle über das Nordreich der Seele zurückgewinnen.

Durch den bewussten Blick auf die schönen Seiten des Lebens trainierst Du den Geist Deiner Seele, nur noch Schönes aufzunehmen, und dadurch wird das Reich der Traurigkeit verdrängt, da das Glücksgefühl sich langsam ausbreitet und keinen Platz mehr für den kalten Nordwind zulässt.

Natürlich kann man nicht alle Negativität aus dem Leben einfach so eliminieren, doch es gibt einen Großteil von schlechten Gefühlen, die man versuchen kann umzukehren, wenn man sich deren Ursache und Wirkung bewusst macht.

Die größte Herausforderung dabei ist, sich selbst einzugestehen, dass Mutlosigkeit und Weltuntergangsstimmung einen im Leben noch nie wirklich weitergebracht haben und man selbst der einzige Mensch ist, der den Willen zur Umkehr der Gefühle aufbringen und umsetzen kann.

Jedes Mal, wenn die Finsternis anklopft, gilt es zu erforschen, woher dieses Dunkel kommt und wo auch Licht in dieser Finsternis zu finden wäre, was es anzuknipsen gilt.

Wenn man einmal verstanden hat, dass man sich für seine Gefühle nicht schämen muss, hat die Seele genügend Widerstandskraft gesammelt, um auch in der Finsternis des Lebens das Licht eines neuen Anfangs zu erkennen.

So lass **Resilienz** in Dein Leben einziehen und erfreue Dich an Deiner eigenen Widerstandskraft.

R – abauke
E – igenleben
S – chöngeist
I – deen
L – arifari
I – nspiration
E – rlebnisse
N – euanfang
Z – auber

Wenn der **Rabauke** in Dir sein **Eigenleben** entdeckt, muss Dein **Schöngeist** neue **Ideen** entwickeln, um das **Larifari** aus der Nordseite Deiner Seele zu vertreiben.
So braucht Dein Ego nur genug **Inspiration** und frische **Erlebnisse** des Glücks.
Denn wie wir wissen, wohnt jedem **Neuanfang** ein **Zauber** inne!

Fang an und lieb auch die Schattenseiten Deines Lebens, denn so lässt Du die Sonne hinein und alles kann wieder leuchten.

Des Egos Teufel

Für die Teufelei meines Egos
hat meine Seele ihr eigenes Credo.
So leben die schwarzen Seiten in mir versteckt,
doch nur durch ihre Existenz ist mein Sein perfekt.
Was wäre ich ohne einen dunklen Schatten
und ohne innere Debatten?
Was wär das Leben langweilig,
wär die Bosheit nicht auch heilig
und hätte es der Wahnsinn nicht oft eilig.
So lebt die Verrücktheit meines Teufelchens in mir
und besteht auf Gemeinsamkeit und dem Wir.
Dadurch sind meine Geister und ich hier,
denn das Ego braucht die Gier,
um das Leben nach vorn zu treiben
und auch mal Wutkrawallgeschichten zu schreiben.
Denn am Ende klärt der Knall
die Existenz vom Wutkrawall
und alles Schlechte verhalt im All.
So ist das Teufelchen der Glücksfall für unser Leben,
denn nur so lernen auch unsere dunklen Gedanken schwerelos das
Schweben.

Erkenne, dass auch die dunklen Gefühle in Deinem Leben ihren Platz haben und dass ein Leben ohne negative Emotionen keine Kontraste hätte, an denen man die eigentliche Schönheit des Lebens festmachen könnte.

So lerne Dich über die Gegensätzlichkeit der Gefühle zu freuen, denn nur so weißt Du das Glück und die freudigen Empfindungen richtig zu schätzen.

LASS DICH AUFS LEBEN EIN, LASS ALLE GEFÜHLE REIN,
DENN NUR SO LERNST DU DAS BEI-DIR-SEIN UND WIRST AM
ENDE GLÜCKLICH SEIN.
AUCH EIN SCHLECHTES GEFÜHL BRAUCHT SEINEN PLATZ,
DAMIT MAN DIE GUTEN NICHT VERPASST.

ERSTER STREICH ...

Wenn ich nicht will..., dass **Mein Schwarz 1000 leere Zeilen** für meine **Gedankenmonster** entstehen lässt, wecke ich die **Pippi** in mir, um auch **Im Fegefeuer tanzen** zu können.

Denn ein **Kleines Mysterium** braucht jeder, um **Abziehbilder** von sich entstehen lassen zu können.

So lebt das **Geheimnis der Stille Auf Krawall geeicht**, doch **Das erzähl ich keinem.**

22

WENN ICH NICHT WILL ...

Wenn ich nicht will, dann will ich nicht,
egal was du mir auch versprichst.
Da lebt ein kleiner Esel in mir
und er ist ein stures Tier.
Lässt sich durch nichts und niemanden überzeugen
und wird sich auch nie beugen.
So ist die Sturheit ein Teil von mir
und mein Dickkopf eine Zier.
Keiner wird meinen Willen killen,
hilft er mir doch, mir jeden Wunsch zu erfüllen.

MEIN SCHWARZ

Wenn du mein Schwarz sehen würdest
und ich dein Dunkel,
wär es finster um uns rum,
alles wäre ganz schön stumm.
Meine Kälte würde sich mit deiner eisig vereinen
und alles nur noch negativ erscheinen,
so könnten die Seelen nur noch weinen.
Lass uns stattdessen doch lieber Buntmalerei betreiben,
so wird alles rosarot erscheinen.
Wir können einander die schönen Worte schenken
und alles in eine positive Richtung lenken.
Dann werden wir uns nicht mehr aneinander verbrennen
und wieder Freunde nennen.

1000 LEERE ZEILEN

Das Schwarz meiner dunklen Seiten
füllt Tausende von leeren Zeilen.
Denn auch ein Kunterbunt braucht Schwarz,
so entstehen keine Fehlstarts.
Es hält mich in meiner Mitte
und wartet nicht, dass ich es bitte.
Seine Meinung ist direkt, ungeniert und unversteckt,
doch sie erfüllt immer ihren Zweck
und damit kommt meine Seele vom Fleck.

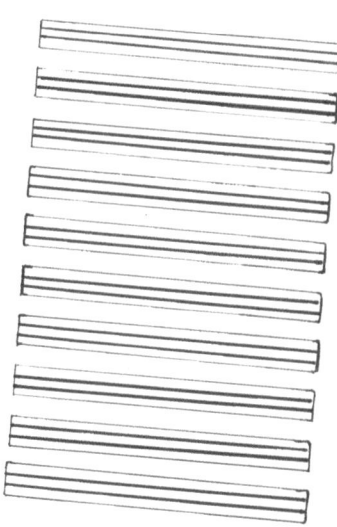

GEDANKENMONSTER

Da sind schon wieder meine Gedanken mit mir durchgegangen
und ich konnte sie nicht mehr einfangen.
Sie haben so viele verrückte Ideen
und lassen die Vernunft alt aussehen.
So lachen meine Gedankenmonster,
wissen, wie das Leben geht
und dass man sich nicht selbst im Wege steht.

PIPPI

Mein Herz ist ein kleiner Punk
und meine Seele ein Hippie,
so bin ich ganz die Pippi.
Leb in meiner Villa Kunterbunt
freue mir die Tage rund
und tue allen kund:
Ich mach mir die Welt, wie sie mir gefällt,
so hats mein Geist beim Universum bestellt.

IM FEGEFEUER TANZEN

Meine eigene Wahrheit wird im Fegefeuer tanzen
und jonglieren mit allen Chancen.
Wird im Meer der Möglichkeiten fischen
und sich mit Frechheiten auffrischen.
Wird bereit sein für den Kick,
bevor sie Langeweile kriegt.
So wird meine Wahrheit sein,
stets vergnügt im Weltenreim.

KLEINES MYSTERIUM

Ich bin ein kleines Mysterium mit Heimlichkeiten drum herum.
So leb ich in meiner eigenen Rätselhaftigkeit
und bin immer für neue Wunder bereit.
Da purzeln die Rätsel aus meinem Sinn
und geben sich dem Versteckspiel in der Dunkelheit hin,
ihre Politik ist die Verschleierung,
so sind sie nur von außen stumm.
Ihre Schatten werfen in der Dämmerung ihren Schein voraus
und so schaff ichs immer vor dem großen Aus.

ABZIEHBILDER

Du zeigst mir deins,
ich zeig dir meins
und zusammen werden wir gegenseitig klein,
doch innerlich ganz groß,
denn eigentlich finden wirs famos.
Sind wir doch wie Abziehbilder, nur wilder
und mit Glitzer obendrauf;
für des Lebens guten Lauf
gibt´s auch noch ´nen Schluck Brause obendrauf,
so kommen wir ganz groß raus.

GEHEIMNIS DER STILLE

Es ist die Heimlichkeit, die nach Aufmerksamkeit schreit.
Es ist die Verlogenheit, die im Stillen ist bereit.
Es ist die Unauffälligkeit mit leisem Neid.
Es ist die Lautlosigkeit, die in uns allen weilt
und uns innerlich entzweit.
Es sind die eingeengten Worte,
sie sind von der schlimmsten Sorte.
Hinterlassen tiefe Wunden
schon nach ein paar Stunden,
so hat es meine Seele einst empfunden,
als man ihr hat die Stille aufgebunden.

AUF KRAWALL GEEICHT

Wenn die Wut in mir knallt
und die Ungeduld pfeift,
dann ist mein Sein auf Krawall geeicht,
denn dann hat es meinem Sein gereicht
und es muss die Burg der Gutmütigkeit durchbrechen
und sich für alle Bösartigkeiten rächen.
So muss man manchmal seine schlechte Laune ausfechten
und kann dann mit allen Regeln brechen.
Damit das Lächeln zurückkommt
an die vorderste Lebensfront
mit freiem Blick auf den Horizont.

DAS ERZÄHL ICH KEINEM

Das erzähl ich besser keinem,
dann muss auch keiner weinen.
Das verrat ich mal nicht jedem,
dann hat auch keiner was dagegen.
Das muss nicht irgendjemand wissen,
dann hat auch keiner ein schlechtes Gewissen.
So ist es ganz amüsant,
der Hort der eigenen Gedanken zu sein,
denn nur dann kommt auch kein Unsinn von außen rein
und man kann so wunderbar bei sich sein,
ist nie allein
und trinkt mit dem eigenen Teufelchen
ein Glas Wein.

ERKENNTNISSE DES ERSTEN STREICHS ...

KENNST Du Deine dunklen Gedanken?
Bring sie durch Dein Erkennen ins Wanken, dann wird Deine Seele nicht mehr schwanken.
Schreib hier Deine Schattenseiten nieder, dann fahren sie Dir nicht mehr in die Glieder.

. . . .
. . . .
. . . .
. . . .
. . . .
. . . .
. . . .
. . . .
. . . .
. . . .
. . . .
. . . .
. . . .
. . . .
. . . .
. . . .
. . . .
. . . .

34

. . . .
. . . .
. . . .
. . . .
. . . .
. . . .
. . . .
. . . .
. . . .
. . . .
. . . .
. . . .
. . . .
. . . .
. . . .
. . . .
. . . .
. . . .
. . . .
. . . .
. . . .
. . . .
. . . .
. . . .
. . . .

ZWEITER STREICH ...

Wenn man einmal gelernt hat, auch im Fegefeuer noch tanzen zu können, wird einem alles Schwarze kunterbunt erscheinen.

AUF DES LEBENS LEEREN ZEILEN LASST UNS NIE IN DER STILLE VERWEILEN, SONDERN MUTIG NACH VORNE GEHEN, DAMIT WIR EINANDER WIEDER VERSTEHEN.

Ich mag das **Teufelchen in mir...**, denn es ist wie ein **Schmetterling**, der auch im **Starkregen** noch durch **Universen voller Löcher** fliegen kann.

So lasse ich jeden **Kracksack** und jede **Arschgeige** auf der **Nordseite** des Lebens zurück und freue mich auf die **Explosion des Feuerwerks**, wenn ich die **Büchse der Pandora** öffne.

So kann **Der Wahrheit Kühlschrank** mir nichts mehr anhaben.

TEUFELCHEN IN MIR ...

Ich mag das Teufelchen in mir.
Mag seine Ideen, die ihm nie ausgehen.
Mag seine endlose Kreativität,
mit der es ganz viel Schabernack sät.
Mag, wie es sich verhält
und den Ärger der Welt abbestellt.
So mag ich den kleinen frechen Kerl,
denn er ist mein Sonnenschein,
durch das Piksen seiner Hörner kommt viel Freude rein.
So liebe ich mein SEIN.

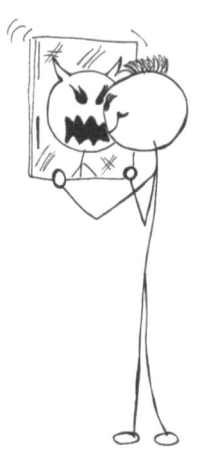

SCHMETTERLING

Warum eine Raupe bleiben,
wenn man auch Schmetterling sein kann?
Denn am Rumkriechen ist nichts Schönes dran.
Also warte nicht auf irgendwann,
fange jetzt das Fliegen an.
Entfalte dich im Sonnenschein,
fliege in die Welt hinein,
so wird deine Seele glücklich sein.

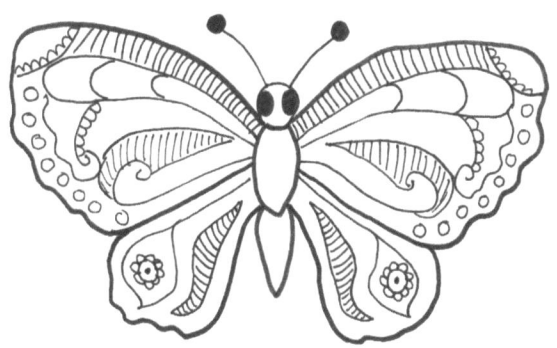

STARKREGEN

Da ist ein Starkregen in mir
und Blitz und Donner sind von dir.
So hat das Unwetter mich in Besitz genommen
und ich seh nur noch verschwommen.
Alle Fröhlichkeit ist zerronnen
und das Unglück hat gewonnen.
Doch meine Seele wird nicht untergehen,
sie lernt gerade zu verstehen,
wie man ein Unwetter nutzen kann,
und dadurch kommt sie dann voran.

UNIVERSEN VOLLER

LÖCHER

Universen voller schwarzer Löcher existieren in mir.
Denn zu meinem Schutz sind sie hier,
geben meinen Ungeheuern Exil
für des Lebens Spiel.
So komm ich an mein Ziel
mit diesen Galaxien in mir drin,
denn in Wahrheit geben sie mir Sinn.
Da darf auch die Dunkelheit
mit Gleichberechtigung in mir Leben,
meine Seele wird nie die Fröhlichkeit aufgeben,
das ist meines Geistes Bestreben.

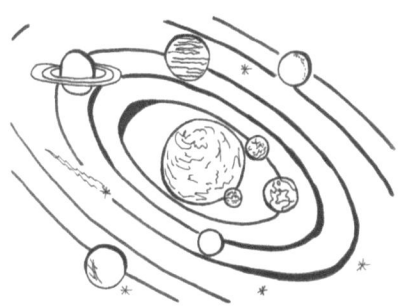

KRACKSACK

Heute bin ich was mit Kracksack,
Miesepeter und total verdrehter Wunderwelt.
Weil mir auch mal das Schlecht-drauf-Sein gefällt,
da es jede Stimmung am Leben hält
und ein bisschen Dampf bestellt.
So lebt in mir das kleine Biest,
das vor lauter Glück überfließt
und das Teufelchen begießt.
Auf dass die Wut mit Pfeil und Bogen schießt,
bevor sie in sich selbst zerfließt.

ARSCHGEIGE

Ich bin nicht musikalisch,
doch Arschgeige kann ich schon.
Das brauch ich für den kompletten Hohn.
Kann mir so schön arschige Gedanken machen
und das Dunkel meines Seins bewachen.
So fehlts mir zwar fürs Klavier,
doch zum arschig geigen bin ich hier
und es wächst in mir das Tier zum Stier.

NORDSEITE

Die Nordseite meines Herzens
verträgt keine Schmerzen.
In ihr leben dunkle Gedankengestalten,
um Geheimnisse zu verwalten.
Nicht jeder darf alles wissen,
dann wird das Herz auch nichts missen
und wird endlich nicht mehr zerrissen.

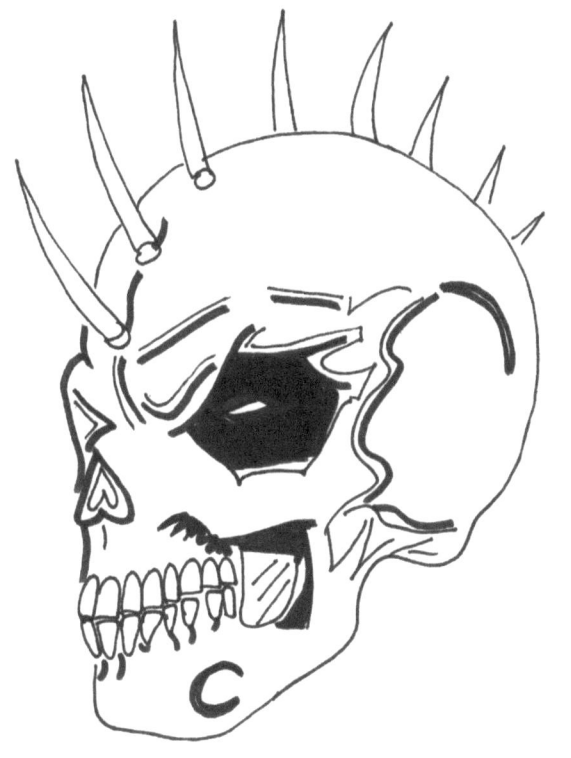

45

EXPLOSION DES FEUERWERKS

Wenn ein Funken Haken schlägt,
explodiert in mir ein Feuerwerk,
meine Seele schaut von ihrem Berg
mitten in des Feuers Werk
und fühlt sich wie ein Zwerg.
Wenn so die Emotionen explodieren
und mit den Gefühlen jonglieren,
bringt das mein Sein zum Vibrieren,
selbst wenn ich weiß, im Grunde kann mir nix passieren,
muss ich doch lernen, meine Freuden zu addieren,
so wird sich mein Leben von selbst verzieren.
Ich muss es nur erst mal kapieren!

BÜCHSE DER PANDORA

Ich hab die Büchse der Pandora in meiner Heimlichkeit versteckt.
Da sitzt sie nun drinnen und schaut ganz keck.
In ihr leben dunkle Seiten,
die sich zu immer neuen Rätseln reimen.
Ich mag sie, meine Dunkelheit,
hat sie mich doch von meiner Naivität befreit.
So geb ich meiner Seele Geleit.
In den Tiefen meiner Dunkelheit
ist sie zum Öffnen der Büchse bereit,
damit endlich jemand Pandora befreit,
denn langsam wird es Zeit!

DER WAHRHEIT KÜHLSCHRANK

Dunkelschwarz ist das neue Weiß,
damit gerät man nicht aufs Abstellgleis,
kann immer schnell die Selbstrettung aktivieren
und so kann auch nix passieren.
Und obendrein machts auch noch schlank,
wer will da noch an der Wahrheit Kühlschrank?

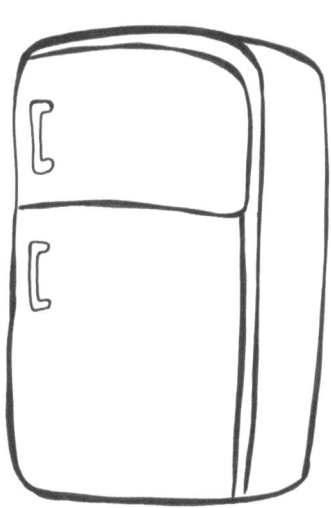

ERKENNTNISSE DES ZWEITEN STREICHS ...

WORIN liegt er versteckt, Dein Galgenhumor?

Hol ihn aus den Tiefen Deiner Seele hervor und leihe ihm Dein Ohr.

Notiere hier Deines Galgenhumors Witzigkeit und sei auch bei Starkregen noch für einen Spaß bereit!

. . . .

. . . .

. . . .

. . . .

. . . .

. . . .

. . . .

. . . .

. . . .

. . . .

. . . .

. . . .

. . . .

. . . .

. . . .

. . . .

52

DRITTER STREICH ...

Das eigene Teufelchen sollte einem im Leben immer der beste Freund sein, denn nur so kommt auch kein Unsinn rein.

SEI DIR SELBST DIE BESTE KONKURRENZ FÜR DES LEBENS TOLLSTE EVENTS, SO WIRD'S DIE SCHÖNSTE EXISTENZ.

Meine Wahrheit ist meine Schwarze Individualität, die durch die Dunkelheit der Gefühle das Teufelchen freigelassen hat.

So ist die Eigenart des Zorns nur ein Kleiner Alptraum, der dem Troll der Seele Von Engeln und Teufeln erzählt, damit man den Vollhirsch des Seins auf einen Bezirkstrottel Reduzieren kann.

So schließt sich Der kleine Abgrund und die Sonne kann wieder scheinen.

MEINE WAHRHEIT

Ich liebe es, nichts zu sagen,
sollen sie doch alle fragen.
Ich muss nicht zu 100 % die Wahrheit sagen.
Dann muss ich auch keine blöden Blicke ertragen.
Pflege meine dunklen Ecken,
damit sich darin meine Geheimnisse verstecken,
auf dass alle äußeren Angriffe auf mein Sein verrecken.

SCHWARZE INDIVIDUALITÄT

Eigentlich ist mein Schwarz fast weiß
und hat keinen hohen Preis.
Nur seine eigene Individualität,
mit der es auf festen Füßen steht,
damit der Ernst aus dem Leben vergeht
und die Fröhlichkeit im Mittelpunkt steht.
So ist das Schwarz im Weiß verdreht,
auf dass es nie wieder vergeht.

DUNKELHEIT DER GEFÜHLE

Wenn die Empörung vor Erbitterung eskaliert
und der Jähzorn jäh vibriert,
hat der Missmut die Verdrossenheit erreicht
und wird vor Gereiztheit bleich.
Wenn so die Verstimmung Fahrt aufnimmt
und die Verärgerung erkennt, dass die Entrüstung Urlaub hat,
die Aufgebrachtheit was verpasst.
So ist der Zorn ohne den Groll verreist
und die Raserei entgleist,
wenn so viel Ungehaltenheit in mir tanzt,
der Unwille die Rage anranzt.
Dann hat die Aggression die Hitze
und der Fanatismus findet es spitze.
So endet die Besessenheit,
wenn die Manie laut schreit.
Der Grimm die Weißglut heißblütig küsst
und die Wut von dannen zischt!

TEUFELCHEN

FREILASSEN

Manchmal muss man ein bisschen bösartig sein,
nur so kommt wieder Klarheit rein.
Manchmal muss man das Teufelchen freilassen,
dann gibt es nichts zu spaßen.
Manchmal kann man nur so die Reißleine ziehen
und vor dem eigenen Groll entfliehen.

EIGENART DES ZORNS

Du kannst mich mal und ich dich auch,
immer zweimal aus dem Bauch.
Gerade jetzt, weil ich es brauch,
weil es in meiner Seele raucht.
So ist die Eigenart des Zorns
auch die des eigenen Ansporns.

KLEINER ALPTRAUM

In mir drin, da gibt es einen Raum,
er ist ein kleiner Alptraum.
Dort leben alle meine Monster gut versteckt
und singen mit meiner Seele im Duett,
da darf auch kein anderer sein,
dort bin nur ich allein daheim.

TROLL DER SEELE

Meine Seele hat einen Troll,
er treibt viel Unsinn ohne Groll.
Gibt mir stets ´nen positiven Schubs,
damit ich in Richtung Freude rutsch.
Hilft mir, Verluste nicht ernst zu nehmen
und auch bei Misserfolgen noch zu schwärmen,
so muss sich meine Seele nie härmen,
kann sie sich doch am Herz des Trolls erwärmen
und mit ihm greifen nach den Sternen.

VON ENGELN UND TEUFELN

Vom Teufel besetzt,
ist sogar dein Engel gehetzt.
Wenn so Luzifer sein Unheil treibt,
kommt die gute Laune nicht mehr weit.
Denn Mr. Beelzebub will alle auf Krawall bürsten
und nach Unheil dürsten.
So sei dein eigener Exorzist,
damit du in Zukunft bei guter Laune bist.
Schick das Teufelchen mal heim,
denn es kann nur im Fegefeuer glücklich sein.

VOLLHIRSCH

Manchmal erwacht der Vollhirsch in mir
und denkt er wär ein Stier,
dabei ist er nur ein kleines Tier.
Will in die Arena einziehen,
kann sich nicht vorstellen, was zu verlieren,
zwar kriecht er schon auf allen vieren,
doch er kann es nicht kapieren.
So lebt mein Vollhirsch ungeniert
und wird von niemandem zensiert.
Da lieb ich meinen Wutanfall,
wenn ich vor Wut wild knall,
und hoffe stets,
dass ich nie fall!

BEZIRKSTROTTEL

Kennt ihr ihn auch,
diesen Aufreger,
Straßenleerfeger
und falsch Versteher?
Ein jeder hat seinen eigenen,
mit Krönchen obendrauf,
so wie er es braucht.
Ein Bezirkstrottel im System,
er kann nur alles falsch verstehen.
Doch ist er der Zirkusdirektor meiner schwarzen Seiten,
denn nur durch ihn können sie durch das schwarze Dunkel gleiten.
Und so macht es den größten Sinn,
dass der Vollhorst ist in meinem Leben drin,
er bekommt zwar kein Gehalt
und doch macht er, dass mein Blut manchmal wallt,
so wird mir dank meiner schwarzen Seiten auch nie kalt.

REDUZIEREN

Ich hasse es, wenn man mich nur auf mein Äußeres reduziert.

Da lebt es sich viel zu ungeniert.

Hat mein Inneres doch viel mehr zu bieten.

Ich hab so viel Frechheit, ich könnt sie gar vermieten.

Und von meiner Boshaftigkeit

immer ein Stückchen übrig bleibt.

Mein Galgenhumor ist gar vortrefflich,

macht er mich doch unbestechlich.

So lebt mein kleiner, wundervoll verdorbener Charakter in mir drin

und gibt von innen allem Sinn.

Von außen ist er kaum zu sehen,

das können viele nicht verstehen.

DER KLEINE ABGRUND

Da lebt dieser kleine Abgrund in mir,
dieses tiefe schwarze Loch.
Jeder hat sein eigenes und keiner kennt es doch.
In ihm leben Geheimverstecke vom Boden bis an die Decke,
überall nur Verstecke in jeder Ecke.
Keiner soll sie jemals sehen,
könnte sie doch keiner je verstehen
und doch sind sie meiner Seele Salz,
beraten mich im Stillen und helfen mir die Sorgen zu killen,
für meiner Träume Willen.

ERKENNTNISSE DES DRITTEN STREICHS ...

KENNST Du Deine kleinen Abgründe?

Oder Deiner Traurigkeit Sümpfe?

Worin liegt Deine Wut und was macht das Leben wieder gut?

Schreib hier Deine negativen Gedanken auf, dann hindern sie Dich in Zukunft nicht bei Deines Lebens Lauf.

. . . .

. . . .

. . . .

. . . .

. . . .

. . . .

. . . .

. . . .

. . . .

. . . .

. . . .

. . . .

. . . .

. . . .

. . . .

. . . .

. . . .
. . . .
. . . .
. . . .
. . . .
. . . .
. . . .
. . . .
. . . .
. . . .
. . . .
. . . .
. . . .
. . . .
. . . .
. . . .
. . . .
. . . .
. . . .
. . . .
. . . .
. . . .
. . . .
. . . .

VIERTER STREICH ...

Die Eigenart des Zorns lässt im Leben immer wieder neue Möglichkeiten entstehen, in denen Chancen im Dunkeln verglühen.

NUTZE IMMER DIE FREUDE DES LICHTS, SO KRIEGT DIE DUNKELHEIT DICH NICHT!

Wenn jeder wüsste, dass das **Spiegelbild der Seele** die eigenen Gefühle sind, würde keiner das **Rabenschwarz** in **Das kleine Seelchen** lassen.

Denn **Mensch sein** bedeutet, **Das Unmögliche** möglich zu machen und die **Lebenslücken** mit **Galgenhumor** zum **Kunterbunt des Schwarz** werden zu lassen.

In der **Rumpelkammer** der **Freiheit meiner Frechheit** lebt es sich so wunderbar und **Ich denk mir meins.**

WENN JEDER WÜSSTE

Wenn jeder wüsste, was jeder dächte,
und davon mal nur das Schlechte,
würde jeder jeden verachten
und niemand mehr mit dem andren lachen.
Wenn jeder von uns gläsern wär,
dann gäbs ein riesiges Scherbenmeer.

SPIEGELBILD DER SEELE

Hab in den Spiegel deiner Seele geblickt
und erst mal einen Schrecken gekriegt.
Dann hab ich länger hineingeschaut,
da hat sie mir ein Geheimnis anvertraut.
Konnte ich doch so viel von dir erkennen
und deine Monster beim Namen nennen.
Ihnen lang den Rücken kraulen,
ohne dass sie nach mir fauchen.
Hab in die Tiefen deiner Abgründe geschaut
und gesehen, wie es raucht.
Und dass ein jeder von uns diese Untiefen braucht,
für seinen eigenen Lebenshauch.

RABENSCHWARZ

Wenn mein Grau die Hilfe deines Schwarz braucht,
dann wird es von dir wieder in Farbe getaucht
und meiner Bedrohlichkeit neues Leben eingehaucht.
So sind wir zusammen eine rabenschwarze Nacht,
die doch für den anderen ein Feuerwerk entfacht
und dabei haben unsere Seelen unendlich VIEL gelacht!

DAS KLEINE SEELCHEN

Klein, biestig und gemein
kann das eigene Seelchen sein.
Kann bissig werden, kratzen, schmeißen,
die Geduld des Platzes verweisen
und mit Boshaftigkeit verreisen.
So was kann sich nur das eigene Seelchen leisten,
das wissen die meisten,
doch wirklich zugeben will mans nicht,
weils nicht für die Schönheit der Seele spricht.

MENSCH SEIN

Natürlich hab ich schwarze Seiten.
Natürlich hab ich dunkle Gedanken.
Natürlich bringt Trauer mich zum Weinen.
Bin hier auf Erden, um Mensch zu sein,
da darf auch mal die Wut herein.
So lebt der Mensch in mir im Weltenreich
und der Zorn macht alle gleich.
Denn ein bisschen Ärger braucht das Leben,
und Tobsucht bringt uns alle zum Schweben.
Und wer will nicht erleben,
schwerelos zu sein?
Denn nur mit Leichtigkeit fühlt man sich in sich daheim.

DAS UNMÖGLICHE

Hab dein Unmögliches gesehen,
es würde sich gut mit meinem verstehen.
Die beiden werden sich gut miteinander vertragen
und unbekanntes Großes wagen.
So können sich unsere Seelen gegenseitig tragen
und müssen an nichts mehr verzagen.

LEBENSLÜCKEN

Da gibt es die Lücken in unserem Leben,
die Risse in unserer Seele
und die Löcher im Herzen.
Wir ertragen all die Schmerzen,
mit dem Wunsch nach einer besseren Zeit
sind wir in unserem Inneren für die Weltenfreude bereit und hoffen,
dass sie wieder jemand mit uns teilt.

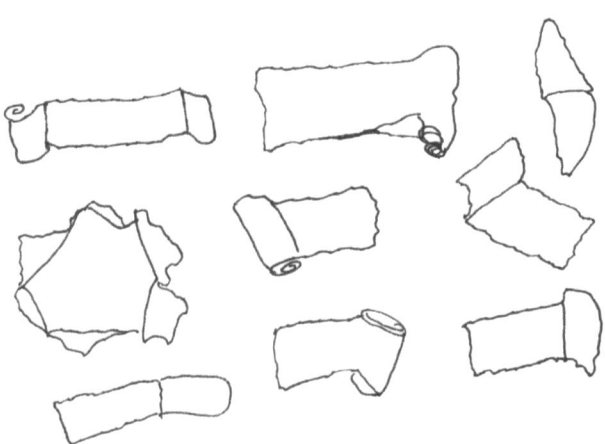

GALGENHUMOR

Mein Galgenhumor bringt endlos viel Freude empor,
so kommt er jeder Traurigkeit zuvor.
Nichts kann mir meine Flügel stutzen,
so kann ich überall die Fröhlichkeit hervorputzen
und ihre gute Laune für mein Strahlen nutzen.
Da lieb ich doch mein dunkles Ich,
wenns durch so viel Freude mit mir spricht.

KUNTERBUNT DES SCHWARZ

Für das Schwarz meiner dunklen Seiten
hab ich immer genug Kunterbunt parat,
das hat mir alle Traurigkeiten erspart.
Für das Schwarz meiner dunklen Flausen
braucht mein Sein nie aufzubrausen,
sondern lässt alle Vorurteile sausen.
So hat mein Sein nie Herzrauschen,
muss sich an keiner Negativität aufbauschen
und lässt alle Sorgen von dannen sausen.

RUMPELKAMMER

In der Rumpelkammer meines Seins,
da sind meine Schimpfwörter daheim.
Üben werfen und auch fechten,
als wären sie keine Schlechten.
Wetteifern im Übelsein,
schauen ständig finster drein,
denn sie wollen meine kleinen Monster sein.
So ist die Rumpelkammer ihr Daheim
und aufräumen würde nicht nützlich sein,
denn ohne schlagfertige Worte wäre man allein.

FREIHEIT MEINER FRECHHEIT

Die Freiheit meiner Frechheit
hält für mich so manchen Weg bereit.
Sie gibt mir Geleit
und bringt mich weit.
So kann ich die Ärgernisse der anderen nicht ernst nehmen
und vergesse ihre negativen Themen.
Was fühl ich mich so frech und frei
denn ich bin beim Wunder LEBEN dabei.

ICH DENK MIR MEINS

Ich sag nie alles,
ich frag nie alles,
ich denk mir meins
so insgeheim.
Zieh dann meine eigenen Schlüsse,
von denen die anderen nix wissen müssen.
Und so küssen meine Gedanken meinen Sinn
und feiern Party tief in mir drin.

ERKENNTNISSE DES VIERTEN STREICHS ...

BLICK in den Spiegel Deiner Seele und dann erzähle.
Was siehst Du wirklich so tief in Dir drin, wo bist Du selbst Dein Hauptgewinn?
Notiere hier Deine bunten Seiten, damit sie das Schwarz aus Deiner Welt
vertreiben!

. . . .

. . . .

. . . .

. . . .

. . . .

. . . .

. . . .

. . . .

. . . .

. . . .

. . . .

. . . .

. . . .

. . . .

. . . .

. . . .

. . . .

. . . .

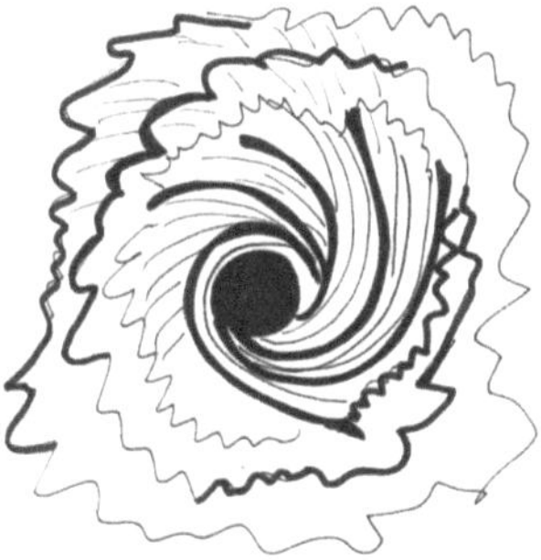

SCHLUSSHOFFNUNG

Ich hoffe,
dieses Büchlein konnte Dich einladen,
Deine eigenen dunklen Seiten
mit Humor zu betrachten,
und Dich über Deine eigenen Unzulänglichkeiten
zum Lachen bringen.
Denn immer dann,
wenn wir uns selbst nicht zu ernst nehmen
und das Leben mit Freude angehen,
stirbt irgendwo ein Problem.
Bis bald,
an dem Ort, wo die Liebe wohnt.

Wundertütenpoet

Besuche mich auf

www.wundertuetenpoet.de